Dan y Ditectif Treigladau

DREF WEN

Cyhoeddwyd gan Wasg y Dref Wen,
28 Ffordd yr Eglwys,
Yr Eglwys Newydd, Caerdydd CF14 2EA
Ffôn 029 20617860

Cyhoeddwyd gyda chymorth ariannol Cyngor Llyfrau Cymru.

Argraffwyd ym Mhrydain.

Helô 'na!

Dan y Ditectif ydw i.

Rwy'n dditectif o fath arbennig. Ditectif treigladau ydw i. Hoffet ti fod yn dditectif fel fi hefyd?

Mae ditectif da yn sylwgar iawn. Mae'n gwrando'n ofalus, mae'n cofio'n dda, ac mae'n holi cwestiynau, wrth gwrs.

Mae gen i gwestiwn i ti

… sylwaist ti mod i'n dweud bod gen i gwestiwn i ti, nid cwestiwn? Mae dechrau'r gair 'cwestiwn' wedi newid. Mae hynny'n digwydd yn aml yn Gymraeg.

Treiglo yw'r gair am y newidiadau hyn. Dyw e DDIM yn digwydd pan fyddi di'n ysgrifennu neu'n siarad Saesneg.

Fe wna i dy helpu di i ddeall ac i ddefnyddio treigladau, a chyn hir, fe fyddi di'n dditectif treigladau gwych. Yn union fel fi!

Barod?

I ffwrdd â ni 'te!

C > g P > b t > d g > colli'r g

Y pethau pwysig

Rhaid i bob ditectif treigladau gofio mai **rhai** llythrennau sy'n newid, ar ôl **rhai** geiriau. Dyw pob llythyren yn yr wyddor ddim yn newid.

I dy helpu di, dwi wedi gosod pa lythrennau sy'n newid uwchben y tudalennau yn y llyfr hwn.

Ond Cofia

– dyw hyd yn oed y llythrennau hynny **ddim yn newid bob tro** fyddi di'n eu defnyddio.

Rhai llythrennau sy'n newid, ar ôl **rhai** geiriau.

2

Peth pwysig arall sy'n rhaid i dditectif treigladau gofio:

Mae **tri** math o dreiglad – **tri** math o newid – sy'n digwydd i'r llythrennau yma. Rydyn ni'n rhoi enw ar y newidiadau yma –

treiglad meddal, **treiglad trwynol** a **threiglad llaes**

(wyddost ti mai rhywbeth hir yw rhywbeth 'llaes'?).

Mae'r enwau ar y tri math o dreiglad yn rhoi cliwiau i ti o sut sŵn mae'r llythrennau'n ei wneud pan fyddan nhw'n newid.

Fedri di ddyfalu pa fath o dreigladau yw'r rhain?
Pa fath o sŵn y mae'r '**p**' yn ei wneud wrth newid? Sŵn meddal, sŵn trwynol neu sŵn llaes?

Pêl
Dy bêl di
Fy mhêl i
Ei phêl hi

Dechreua drwy ddarllen y geiriau'n uchel.

Fy mhêl i

p > mh

Dy bêl di

p > b

Ei phêl hi

p > ph

3

Dere i ni gael dechrau gyda'r llythrennau sy'n newid eu sŵn i wneud sŵn mwy meddal nag o'r blaen. Cofia'r enw ar y math yma o newid yn y llythrennau –

y Treiglad Meddal

Dyma'r llythrennau sy'n newid:

C > g
p > b
t > d
g > colli'r g
b > f
d > dd
ll > l
m > f
rh > r

Tybed fedri di feddwl am adegau pan mae'r llythrennau yma'n newid?

Mae rhai llythrennau'n newid eu sŵn i fod yn fwy meddal ...

ar ôl 'dy'

– y gair hwnnw sy'n nodi mai ti sydd piau rhywbeth.

e.e.
castell – dy gastell	pensil – dy bensil	tŷ – dy dŷ
gardd – dy ardd	blodyn – dy flodyn	dant – dy ddant
llwy – dy lwy	mochyn – dy fochyn	rhaff – dy raff

Dyma newid fyddi di'n ei ddefnyddio a'i glywed yn aml.

Bydd yn dditectif sylwgar

– gwranda ar bobl wrth iddyn nhw siarad â'i gilydd i ti gael clywed y newid yma'n digwydd.

Cofia – dim ond RHAI llythrennau sy'n treiglo'n feddal. Does dim angen i ti newid sŵn pob llythyren sy'n dechrau gair ar ôl 'dy'.

Edrycha ar y llythrennau yn y bocs uchod neu ar y rhai i lawr ymyl y dudalen – os nad yw'r lythyren yno, dyw hi ddim yn treiglo'n feddal!

4

Rhaid i bob ditectif gael ymarfer, felly dy dro di nawr!

Cofia ddarllen y geiriau'n uchel, fe fydd hynny'n siŵr o helpu.

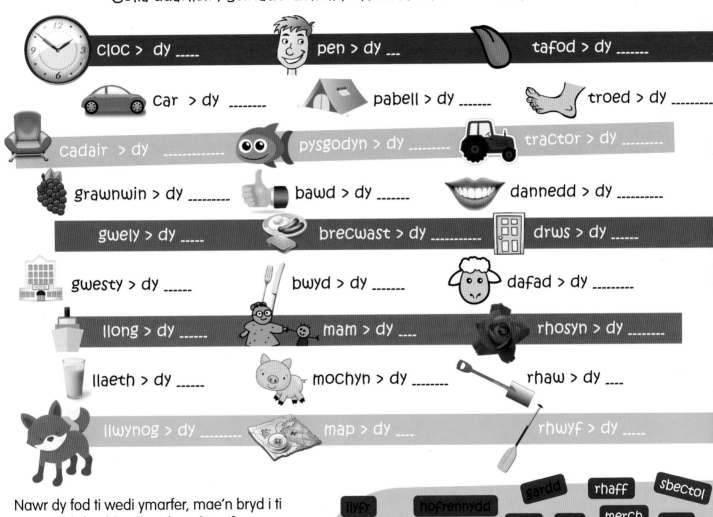

cloc > dy _____   pen > dy ___   tafod > dy _____

car > dy _____   pabell > dy _____   troed > dy _____

cadair > dy _____   pysgodyn > dy _____   tractor > dy _____

grawnwin > dy _____   bawd > dy _____   dannedd > dy _____

gwely > dy _____   brecwast > dy _____   drws > dy _____

gwesty > dy _____   bwyd > dy _____   dafad > dy _____

llong > dy _____   mam > dy ___   rhosyn > dy _____

llaeth > dy _____   mochyn > dy _____   rhaw > dy ___

llwynog > dy _____   map > dy _____   rhwyf > dy ____

Nawr dy fod ti wedi ymarfer, mae'n bryd i ti ddefnyddio dy sgiliau ditectif.

Dyma restr o eiriau. Rho gylch o amgylch y gair sy'n treiglo'n feddal ar ôl 'dy'. Edrycha ar y tabl uwchben y tudalennau yma, a chofia – mae eu darllen nhw'n uchel a dweud 'dy' cyn pob un o'r geiriau yn siŵr o helpu!

llyfr   gardd   rhaff   sbectol
hofrennydd   cath   pêl   merch   jam
bag   neidr   eliffant   diod   afal   tost

Mae PUM gair yn y rhestr uchod yn aros yr un fath – hyd yn oed pan fyddi di'n ychwanegu 'dy' o flaen y gair, dyw'r llythrennau ar ddechrau'r geiriau hynny ddim yn newid – felly dydyn nhw ddim yn treiglo'n feddal.

5

Ymarfer ditectif:

Oes gennyt ti gwestiynau i'r lleidr hwn? Mae ganddo lond ei sach o wahanol eitemau. Gofyn iddo ai fe sydd piau'r pethau hyn ...

(cwpan arian)   "Ai dy gwpan arian di yw hon?"

(tlysau)   "Ai dy ...... di yw'r rhain?"

(pwrs)   "Ai dy .... di yw hwn?"

(canhwyllbren)   "Ai dy ...... di yw hon?"

(tarian)   "Ai dy ...... di yw hon?"

(mwclis)   "Ai dy ...... di yw'r rhain?"

(clustdlysau)   "Ai dy ...... di yw'r rhain?"

(trysor)   "Ai dy .... di yw hwn?"

(cist)   "Ai dy ...... di yw hon?"

Dyma'r llythrennau sy'n newid:

c > g
p > b
t > d
g > colli'r g
b > f
d > dd
ll > l
m > f
rh > r

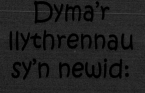

6

b > f   d > dd   ll > l   m > f   rh > r

Mae rhai llythrennau'n newid eu sûn i fod yn fwy meddal ...

AR ÔL EI, 'I, 'W (gwrywaidd)

Mae treiglad meddal ar ôl **ei**, wrth sôn am fachgen.

Dyma fy ffrind Steffan! Mae e'n fachgen blêr iawn!
Wyt ti'n gallu helpu Steffan i dacluso ei ystafell wely?

Rho ✗ yn y bocs ar ôl i ti ddod o hyd
i'r canlynol:

Wyt ti wedi dod o hyd i'w dedi? ☐
Wyt ti wedi dod o hyd i'w fin sbwriel? ☐
Wyt ti'n gallu gweld ei wely? ☐
Ble mae ei lyfrau?
Wyt ti'n gallu gweld ei lyfrau? ☐
Ble mae e'n cuddio'i fwnci?
Wyt ti'n gallu gweld ei fwnci? ☐
Wyt ti'n gallu darganfod ei gap? ☐
Wyt ti'n gallu dod o hyd i'w ddesg? ☐

Dy dro di nawr!

Fedri di newid y llythrennau ar ddechrau'r geiriau hyn? Newidia bob
llythyren i fod yn fwy 'meddal', a chofia mai pethau Steffan yw'r rhain i gyd.

clustog > ei ....
cyfrifiadur > ei ....

mat > ei ...
mam > ei ....

gwydryn > ei ....
gwely > ei ....

rhaff > ei .....
rhaw > ei ....

tegan > ei ....
troed > ei ....

drws > ei ......
dannedd > ei ....

pêl > ei ....
pensil > ei ....

llong > ei ......
llwy > ei ....

blwch > ei ....
bara > ei .....

7

Ymarfer ditectif:

Dyma'r llun o stafell wely Steffan eto, ond mae rhai gwahaniaethau yn y llun y tro hwn. Tybed pa mor sylwgar wyt ti?

Rho gylch o amgylch y pethau newydd yr wyt ti'n eu gweld yn yr ystafell, a gwna restr ohonynt i fam Steffan, gan ddechrau pob brawddeg gyda'r geiriau 'rwyf wedi dod o hyd i'w' ...... neu 'rwy'n gweld ei ...'

Rwyf wedi dod o hyd i'w ▢

Rwy'n gweld ei ▢

Rwy'n gweld ei ▢

Rwyf wedi dod o hyd i'w ▢

Rwyf wedi dod o hyd i'w ▢

Rwy'n gweld ei ▢

Rwy'n gweld ei ▢

Rwyf wedi dod o hyd i'w ▢

Mae rhai llythrennau'n newid eu sŵn i fod yn fwy meddal ...

AR ÔL DYMA, DYNA a DACW

Gwaedda'r rhain yn uchel!

Dacw fanana melyn!

Dyma gath!
Dyna ardd hyfryd!
Dyma bêl!
Dyna geffyl bywiog!
Dyma gar gwyrdd!

Dyna ddyn gwirion!
Dyma dractor coch!
Dyna lyfr diddorol!
Dacw fochyn tew!
Dacw rosyn coch!

Dyna ---------------- hardd (coeden)
Dyma ---------------- esmwyth (cadair)

Dyna ---------- tal (postyn)
Dacw --------- Siân (pensiliau)

Dyma -- bach twt (tŷ)
Dacw -------- stêm (trên)

Dyma ---------------- blasus (grawnwin)
Dyna ----- meddal (gwely)

Dacw ------ pren (bwrdd)
Dyma ------ Cymru (baner)

Dyma -------- Miss Jones (dosbarth)
Dyna ---------- caredig (deintydd)

Dacw ---- llyfn (llyn)
Dyma --------- diddorol (llyfr)

Dyma ---- o'r meddyg (moddion)
Dyna --------- annwyl (mochyn)

Dacw ---- dad (rhaw)
Dyma ------- deledu ddiddorol (rhaglen)

Enw yw gair a ddefnyddiwn wrth sôn am rywun neu rywbeth, e.e. capten, plismon, tarw, gwraig, bachgen, dyn tân, lleidr, mwnci, rhedwr.

Da iawn ti! Tybed fedri di orffen yr ymarfer nesaf yma? Cofia edrych ar y tabl llythrennau sy'n treiglo'n feddal os nad wyt ti'n siŵr!

Wyt ti wedi sylwi bod rhai enwau yn fenywaidd a rhai yn wrywaidd?

Mae cadair yn enw benywaidd, felly fe fyddet ti'n dweud **dwy gadair**.

Mae rhai llythrennau'n newid eu sŵn i fod yn fwy meddal ...

AR ÔL "MAE GEN I"

cap > Mae gen i gap newydd.
clust > Mae gen i ------ tost.

pêl > Mae gen i bêl rygbi.
pensiliau > Mae gen i -------- lliw.

traed > Mae gen i draed mawr.
tair > Mae gen i ---- chwaer.

gormod > Mae gen i ormod o fwyd.
gwesty > Mae gen i ----- crand.

brawd > Mae gen i frawd mawr.
bara > Mae gen i ---- blasus.

drwm > Mae gen i ddrwm swnllyd.
dau > Mae gen i ---- gar.

llawer > Mae gen i lawer o deganau.
llofnod > Mae gen i ------ Gareth Bale.

map > Mae gen i fap o Ewrop.
modrwy > Mae gen i ------ aur.

rhaff > Mae gen i raff sgipio.
rhagor > Mae gen i ----- o losin.

Beth am i ti drio gorffen y brawddegau hyn?

Mae gen i -------- (Crwban)
Mae gen i ----- (Cloc)

Mae gen i ------- (pabell)
Mae gen i ------- (pysgodyn)

Mae gen i ------- (trwyn)
Mae gen i ------- (teledu)

Mae gen i ------- (gardd)
Mae gen i ------- (gwely)

Mae gen i ------- (brawd)
Mae gen i ------- (bag)

Mae gen i ------- (drwm)
Mae gen i ------- (dannedd)

Mae gen i ------- (llyfr)
Mae gen i ------- (llwy)

Mae gen i ------- (mochyn)
Mae gen i ------- (mwnci)

Mae gen i ------- (rhaw)
Mae gen i ------- (rhaff)

Ymarfer ditectif:

Mae pob ditectif da yn gorfod esgus bod yn rhywun neu'n rhywbeth arall weithiau er mwyn ceisio cael gwybodaeth newydd.

Beth am i ti esgus bod yn berchennog stondin farchnad?

Dere! Bydd rhaid i ti weiddi ar dy gwsmeriaid i'w denu at y stondin. Cofia fod angen i rai o'r llythrennau cyntaf newid eu sŵn i fod yn fwy meddal!

Beth weli di yn y llun? **Gwaedda!**

"Mae gen i ......"

"Dewch i brynu fy ....."

"Dyma ......"

"Bargen! Bargen! Dyma i chi fargen!"

11

Enwau benywaidd unigol yn unig sy'n treiglo ar ôl y, yr, 'r

Mae ci yn enw gwrywaidd, felly fe fyddet ti'n dweud **dau gi**.

Paid â phoeni os nad wyt ti'n siŵr os yw enw yn enw gwrywaidd neu'n enw benywaidd – gelli ddefnyddio'r geiriadur i dy helpu.

Fe weli mai eb. sy'n dilyn enw benywaidd ac eg. sy'n dilyn enw gwrywaidd wrth i ti edrych arnyn nhw mewn geiriadur.

Mae'r rhain i gyd yn enwau benywaidd, felly gelli eu treiglo'n feddal.

clust > y glust	cacen > y _____
priodas > y briodas	potel > y _____
taith > y daith	tarian > y _____
gafr > yr afr	gardd > yr _____
basged > y fasged	berfa > y _____
daear > y ddaear	dawns > y _____
merch > y ferch	mainc > y _____

Nid yw ll a rh yn treiglo y tro hwn!

Nawr, bydd yn ofalus! Efallai y bydd angen i ti wneud ychydig o waith ditectif gyda'r geiriadur.

Mae geiriau benywaidd a gwrywaidd yn y rhestr ganlynol, cofia dreiglo'r rhai benywaidd yn unig. Defnyddia'r geiriadur i dy helpu os nad wyt yn siŵr o'r ateb.

Pob lwc!

ci > y --

cwningen > y ----------

castell > y --------

pysgodyn > y ----------

potel > y ------

pry > y ---

powlen > y ------

tŷ > y --

taten > y -----

teledu > y ------

golau > y ------

gorsaf > yr ------

garddwrn > yr --------

byddin > y -------

bwyd > y -----

banana > y --------

dafad > y ------

dosbarth > y --------

deilen > y -------

modrwy > y --------

mochyn > y ------

mellten > y -------

Mae rhai llythrennau'n newid
eu sŵn i fod yn fwy meddal ...

Un

Mae enwau
benywaidd unigol
sy'n dechrau gyda

C P t g b d m

yn treiglo'n feddal ar ôl "un".

Chwilia yn y geiriadur am fwy o enwau
benywaidd unigol sy'n dechrau gyda

c --

p --

t --

g --

b --

d --

m --

Nid yw ll a rh yn
treiglo'r tro hwn.

un gacen
un botel
un daten
un wefus
un frân
un ddafad
un fellten

14

2

Mae rhai llythrennau'n newid eu sŵn i fod yn fwy meddal ...

Dau a Dwy

Edrycha ar y lluniau isod.

Rho 'dau _____,' neu 'dwy _____' o dan bob un.

Cofia ddefnyddio'r geiriadur i dy helpu!

Rhaid treiglo'n feddal ar ôl "dau" neu "dwy"

castell > dau gastell
pysgodyn > dau bysgodyn
trwyn > dau drwyn
bwrdd > dau fwrdd
dyn > dau ddyn
llun > dau lun
mochyn > dau fochyn
rheolwr > dau reolwr

cath > dwy gath
powlen > dwy bowlen
tarian > dwy darian
geneth > dwy eneth
basged > dwy fasged
dameg > dwy ddameg
llaw > dwy law
merch > dwy ferch
rhaff > dwy raff

panda

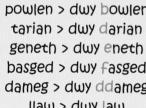

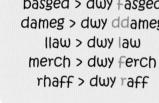

deinosor

15

C > g   P > b   t > d  g > colli'r g

Mae rhai llythrennau'n newid eu sŵn i fod yn fwy meddal ...

Ar ôl YN neu 'N

Beth yw ansoddair?

Wyddost ti?
Gair sy'n disgrifio enw yw ansoddair e.e.

cryf > mae'r eliffant yn gryf

prydferth > mae mam yn brydferth

tal > mae Siôn yn dal

golygus > mae Aled yn olygus

blêr > mae fy nhŷ i yn flêr

dawnus >
mae Ffion yn ddawnus

mawr > mae ei drwyn yn fawr

Mae'r ansoddeiriau sy'n dechrau gyda

C P t g b d m

yn treiglo'n feddal ar ôl 'yn' neu 'n.

Cwblha'r paragraff isod gan gylchu'r

ansoddeiriau sy'n berthnasol i ti!

Fy enw i yw _____.
Rydw i yn _____ mlwydd oed. Mae fy ngwallt yn frown / yn ddu / yn felyn / yn goch / yn hir / yn fyr. Rydw i'n dal / yn fyr / yn dew / yn denau. Rydw i'n byw yn / ym / yng _____. Mae fy nhŷ yn wyn / yn las / yn borffor / yn goch / yn frown / yn oren / yn felyn / yn wyrdd neu yn _____. Mae fy ystafell wely yn daclus / yn flêr / yn fudr / yn lân!

Enw yw gair a ddefnyddiwn wrth sôn am **rywun** neu **rywbeth**,

e.e. capten, plismon, tarw, gwraig, bachgen, dyn tân, lleidr, mwnci, rhedwr.

Mae enwau'n treiglo'n feddal ar ôl yn a 'n hefyd.

Defnyddia'r geiriau yma i lenwi'r bylchau

fabi

ganwr

fôr-leidr

deulu

löwr

ddeintydd

blismon

Mae hi'n ____

Mae nhw'n _____ hapus

Mae e'n ____

Mae e'n _____

Mae hi'n _____

Mae e'n _____

Mae e'n _____

Bachgen wyt ti?
Merch wyt ti?

Rydw i yn
_____ .

Ateb y cwestiynau canlynol gan ddefnyddio'r atebion:

Ydw, rydw i yn .... neu Nac ydw, dydw i ddim yn ....

Wyt ti'n dal?   Wyt ti'n gerddorol?   Wyt ti'n fardd?   Wyt ti'n blentyn?
Wyt ti'n gryf?   Wyt ti'n fachgen?   Wyt ti'n löwr?   Wyt ti'n fôr-leidr?
Wyt ti'n farus?   Wyt ti'n ferch?   Wyt ti'n ddireidus?   Wyt ti'n daclus?

17

Ymarfer ditectif:

Ysgrifenna baragraff i ddisgrifio dihiryn yr wyt ti'n chwilio amdano. Fe gei di wneud llun o'r dihiryn ar y poster hefyd!

YN EISIAU

Mae rhai llythrennau'n newid eu sŵn i fod yn fwy meddal ...

ANSODDEIRIAU AR ÔL ENW BENYWAIDD

Mae ansoddeiriau'n treiglo'n feddal
ar ôl enw benywaidd unigol
e.e. cadair + cyfforddus > cadair
gyfforddus.

Ceisia ddod o hyd i ansoddeiriau i ddisgrifio'r
enwau yma: Dyma rai i dy helpu, ond cofia
dreiglo

C P t g b d ll m rh

- prydferth - pwysig - caredig - diog
- llawen - hapus - mawr - bach
- prysur - llawn - gwag - pigog - byr
- tawel - hyll - tal - chwareus - coch
- drewllyd - doniol - cynradd - meddal
- Cymraeg - diddorol - rhewllyd
- diogel - cadarn - gwlân - trwm
- ysgafn - gwych - bendigedig - main
- rhagorol - peryglus

athrawes	--------------	heol	--------------	rhes	--------------
basged	--------------	iaith	--------------	sedd	--------------
cath	--------------	jôc	--------------	taith	--------------
chwaer	--------------	lein	--------------	thermomedr	--------------
damwain	--------	llaw	--------------	uchelfa	-------------- (lle uchel)
dafad	--------------	maneg	--------------	weiren	--------------
eglwys	--------------	neges	--------------	ysgol	--------------
festri	--------------	oergell	--------------		
fferm	--------------	priodas			
gwefus	--------------	roced	--------------		

19

Mae rhai llythrennau'n newid eu sŵn i fod yn fwy meddal ...

Ar ôl arddodiaid

am ar at i o gan hyd heb wrth dros drwy dan

Rhaid treiglo'n feddal ar ôl y geiriau yma. **ARDDODIAID** rydyn ni'n galw'r geiriau hyn.

Dyma bennill i dy helpu i gofio'r arddodiaid:

- **Am ar at**
- **I o gan**
- **Hyd heb wrth**
- **Dros drwy dan**

Darllen hwn sawl gwaith, yna rho ddarn o bapur drosto i weld a wyt ti'n ei gofio!

ar

Arllwysodd Ben ddiod oren ar ------ (carped) newydd Nain!

Rhoddodd y band eu poster ar ------- (bostyn) lamp er mwyn hysbysebu eu cyngerdd.

Mae Ianto yn hoffi mêl ar ----- (tost).

Gwrandawais ar ------------ (gohebydd) newyddion yn sôn am ddamwain car difrifol.

Roedd llwyth o fwyd ar ------ (bwrdd) yr athrawon, ond doedd dim llawer o fwyd ar ein bwrdd ni!

Rydw i'n hoff iawn o'r paent sydd ar ----- (drws) y tŷ.

Eisteddodd y plant ar ----- (llawr) i wrando ar y stori.

Gwelodd Siân ddyn yn cysgu ar ------- (mainc) yn y parc.

Fe wnes i ymddangos ar --------- (rhaglen) deledu yr wythnos diwethaf.

am

c > g
Rydw i am ------- i'r ysgol yfory (cerdded).

p > b
Cefais bum afal am ----- (punt)

t > d
Aeth Siôn am ------- (te) i'r caffi.

g > colli'r g
Chwiliodd Catrin ar y we am ------- (gwesty) moethus.

b > f
Gofynnodd Elis am ------ (beic) gan Siôn Corn eleni.

d > dd
Mae Aled am ------- (dysgu) Ffrangeg yn yr ysgol.

ll > l
Roedd y gath am ---- (lladd) y llygoden.

m > f
Roedd Elin am ---- (mynd) i siopa.

rh > r
Edrychodd Tudur am -------- (rhywun) i'w helpu pan dorrodd ei sbectol.

Cerddodd y plant tuag at -------- (castell) Caerffili.

Gyrrodd Siwan wahoddiad parti at ----- (pawb) yn ei dosbarth.

Cerddodd y plant at ------- (troed) y mynydd.

Aeth Dafydd at ------- (geneth), a gofynnodd iddi am ddawns.

Rhedodd Mam at ----------- (plismon) i ofyn am gyfarwyddiadau.

Aeth Nia at ----- (drws) ffrynt Efa a chanodd y gloch.

Danfonodd Gruffudd e-bost at -------- (llawer) o'i ffrindiau.

Taflodd Harri fwyd at --------- (mwnci) yn y sŵ.

Eisteddodd Mari wrth ei desg i ------- (cwblhau) ei gwaith cartref.

Aeth Mam a Sali i'r dre i ------- (prynu) esgidiau newydd.

"Rydw i'n mynd i ------ (trefnu) parti," meddai Mili.

Llwyddodd yr athro i -------- (gorffen) ei farcio cyn amser cinio.

"Gaf i ----------- (benthyg) dy gardigan newydd?" gofynnodd Rhian i'w chwaer.

Penderfynodd Alun fynd i -------- (dringo) mynyddoedd ar ôl gwylio rhaglen deledu.

Aeth Mam a Sali i -------- (llawer) o siopau cyn dod o hyd i'r esgidiau iawn!

Rhoddodd y mwnci ei fanana i -------- (mwnci) arall.

Aeth Siôn Corn i'r ysbyty i ---- (rhoi) anrhegion i'r plant.

O

Daeth Nain a Taid yn ôl o -----------. (Casnewydd)

Daw Evan James o -------------. (Pontypridd)

Aeth Dafydd a Llew o -- (tŷ) i dŷ yn casglu arian ar gyfer achos da.

Esgid o -------- (gwydr) oedd gan Sinderela.

Roedd llawer o --------- (bechgyn) yn y dosbarth.

Daeth plant o ----------- (Dinbych) i aros yng Nghanolfan y Mileniwm.

Daliodd y plismon lawer o ----------. (lladron)

Teithiodd y bws o -------------- (Manceinion) i Gaerdydd.

Daeth y bugeiliaid â llawer o ------------- (rhoddion) i'r baban Iesu.

gan

Dychrynwyd Mirain gan -- (ci) ffyrnig.

Derbyniodd yr ysgol rodd gan ----- (pobl) leol.

Aeth Pedr i'r dre, gan -------- (teithio) ar y bws.

Llwyddodd Owain i ennill y ras gan ------- (gwthio) ei feic i fyny'r allt.

Roedd Nest wrth ei bodd pan gafodd wên gan ----- (babi) drws nesaf.

Aeth Elin a Beca i'r parti, gan --------- (dawnsio) drwy'r nos.

Cafodd Taid ofn gan --------- (lleidr) a neidiodd dros y wâl.

Cefais stŵr gan ------- (merch) ar y bws ar ôl i mi dynnu ei gwallt.

Cyrhaeddais yr ysgol mewn pryd, gan --------- (rhedeg) nerth fy nhraed.

hyd

Teithiodd y cwch ar hyd ------ (camlas) hir.

Cerddodd Jac ar hyd ------------ (palmant) y dref.

Gwelodd yr ymwelwyr nifer o ryfeddodau ar hyd ------------ (traethau) Sir Benfro.

Crafodd y wrach ei hewinedd hir ar hyd ---------- (gwydr) y ffenest.

Carlamodd y ceffyl ar hyd ----- (bryn) a dôl.

Roedd graffiti ar hyd ----- (drws) y garej.

Bu cannoedd yn dringo ar hyd ------ (llethrau) y mynydd.

Ar hyd --- (mur) uchel y cerddodd y golomen.

Cerddodd y clown ar hyd ----- (rhaff) uchel heb syrthio, yn y syrcas.

heb

Doedd Siân heb ------ (clywed) ei chloc larwm bore 'ma!

Es i i'r parti heb --------- (partner) i ddawnsio.

Mae'n rhaid bod bywyd yn od i bobl heb ------------. (teledu)

Dwi'n hoffi salad ffrwythau heb ---------------. (grawnwin)

Mae'n anodd siopa heb ---------. (basged)

Cefais brawf mathemateg heddiw, ond doeddwn i heb ------- (dysgu) fy nhablau.

Es i gyngerdd pop neithiwr, ond fe ddes i adref heb -------- (llofnod) fy arwr.

Does dim blas ar datws newydd heb ---------. (menyn)

Doeddwn i heb ---- (rhoi) anrheg i Mam ar Sul y Mamau, ond fe wnes i frecwast iddi!

Neidiodd y ceffyl dros ------ (clawdd) uchel.

Neidiodd Colin dros ---- (pen) y clwydi.

Llwyddodd Rhys i godi dros ---- (tri) chan punt wrth olchi ceir bob dydd Sadwrn am flwyddyn.

Roedd llawer o bobl wedi brwydro dros ------- (glowyr) De Cymru yn yr '80au.

Syrthiodd y siopwr dros ------- (basged) a oedd ar y llawr.

Dringodd y plant dros ----------- (deinosor) a oedd yn y parc.

Llithrodd Cadi dros ----- (llawr) llithrig.

Mae rhai anifeiliaid yn cysgu dros -------- (misoedd) y Gaeaf.

Teithiodd Beti mewn hofrennydd dros ------------ (rhaeadrau) hyfryd Seland Newydd.

drwy

Edrychodd Sara drwy --- (cil) y drws!

Aeth Moli am dro drwy --------- (pentref) bach.

Cewch ystafell lân drwy -------- (tacluso) bob dydd.

Rhaid dechrau'r peiriant drwy -------- (gwthio'r) botwm coch.

Mae'r ganolfan ailgylchu yn sortio drwy --------- (bagiau) gwyrdd.

Gwellais fy sillafu drwy -------- (darllen) llawer o lyfrau.

Es i drwy --------- (Llanelli) ar y bws.

Cerddais drwy ----------- (mynwent) cyn cyrraedd yr eglwys.

Mae Bili y ci yn gwneud i ni chwerthin drwy ------- (rholio) ar ei fol.

dan

Daeth Catrin a Dafydd o hyd i'r trysor o dan ------- (castell) dirgel.

Roedd fy ffôn symudol o dan ---------- (pentwr) o ddillad brwnt.

Mae Mam yn dweud bod Dad yn mynd o dan ------- (traed) yn y gegin!

Cuddiodd Wendy o dan ----- (gwely) ei ffrind, er mwyn rhoi braw iddi.

"Tybed beth sydd o dan ------ (barf) Tad-cu?" meddyliodd Llŷr.

Chwythodd y gwynt dan ----- (drws) y lolfa.

Roedd Mari o dan ------ (llawer) o bwysau cyn ei harholiadau.

O dan ----------- (moroedd) mawr mae morfilod.

Llwyddodd yr athrawes i gadw'r plant o dan ------------. (rheolaeth)

Ymarfer ditectif:

Dyma adroddiad plismon ar ddigwyddiad rhyfedd yng Nghaerdydd yn ddiweddar. Fedri di weld y treigladau meddal sy'n digwydd yn yr adroddiad? Mae sawl treiglad yn y darn yn digwydd ar ôl arddodiaid – edrycha'n ofalus amdanyn nhw a rho gylch o amgylch y llythrennau sydd wedi treiglo.

Rwyf wedi gwneud y rhai cyntaf i dy helpu di.

Wrth gerdded tuag at y siop, sylwais fod rhywbeth o'i le. Roedd gwydr y ffenestr wedi torri ac roedd y drws ar agor. Oedais am funud i feddwl. A oeddwn i am gerdded trwy'r drws neu a fyddai'n well i mi alw am gymorth? Cerddais ymlaen, gan gamu'n ofalus dros ddarnau gwydr. Wrth wylio, sylwais ar ddyn ifanc y tu mewn i'r adeilad. Cuddiai dan gownter y siop. Roedd e'n dawel. Roedd ganddo siwmper ddu a throwsus du. 'A! Dyma leidr!' meddyliais. Defnyddiais fy radio i alw am gymorth, ond cododd y lleidr a rhedeg allan o'r siop. Clywais lais plismon arall ar y radio yn gofyn am ddisgrifiad o'r dyn. 'Mae e'n dal ac yn denau, mae'n gwisgo dillad du, mae ei wallt e'n flêr ac mae ganddo sach fawr ar ei gefn!'

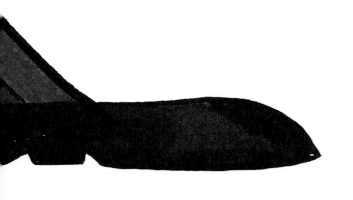

Sut hwyl gefaist ti ar adnabod y treigladau meddal yn y disgrifiad, tybed?

27

Mae treiglad trwynol yn digwydd ar ôl "fy"

e.e. cap > fy nghap
Rydw i'n mynd ar fy ngwyliau. A wnei di fy helpu i bacio fy nghês?   Fedri di orffen y brawddegau i mi hefyd? Diolch!

Y Treiglad Trwynol

Dyma'r llythrennau sy'n treiglo'n drwynol:

C > ngh
p > mh
t > nh
g > ng
b > m
d > n

Sylwaist ti fod llai o lythrennau'n treiglo'n drwynol na'r rhai sy'n treiglo'n feddal?

Côt > Ble mae fy nghôt?

Crib > Ble mae fy ------ ?

Clustog > Ble mae fy -------- ?

Pwrs > Ble mae fy mhwrs ?

Pasbort > Ble mae fy ------- ?

Pêl > Ble mae fy ---- ?

Tei > Ble mae fy nhei?

Trowsus > Ble mae fy ------- ?

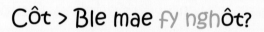

28

Gêm >
Ble mae fy ---- ?

Gweu >
Ble mae fy ngweu?

Babi > Ble mae fy mabi?

Bag > Ble mae fy --- ?

Bat > Ble mae fy --- ?

Diod >
Ble mae fy niod?

Draenog >
Ble mae fy ------- ?

Drych >
Ble mae fy ------ ?

29

Ymarfer ditectif:

Dychmyga dy fod wedi colli nifer o bethau. Ysgrifenna lythyr ataf fi yn holi a allaf dy helpu i ddod o hyd i'r pethau hynny. Gelli ddefnyddio brawddegau fel 'rwyf wedi colli fy...' neu 'mae rhywun wedi dwyn fy ....' neu 'tybed a welaist ti fy ....?'.

Dyma i ti restr o bethau y gallet ti eu defnyddio ar ôl 'fy'. Mae'r pethau hyn i gyd yn dechrau gyda

C, P, t, g, b, d,

– gan mai dyna'r llythrennau sy'n treiglo'n drwynol!

cap	piano	tractor	gwely	brechdan	dannedd	car	pysgodyn	teledu
gardd	bol	drws	castell	tafod	planhigyn	boch	gwefusau	bwrdd

Annwyl Dan,

....

....

....

....

....

....

....

Cofion, ...

Ceir treiglad trwynol ar ôl "yn"

Sylwa bod yr "yn" yn newid weithiau hefyd

e.e. yn Caerdydd > yng Nghaerdydd
      yn Porth > ym Mhorth
      yn Glan-llyn > yng Nglan-llyn
      yn Bryn-mawr > ym Mryn-mawr

Dydy'r "yn" ddim yn newid cyn enwau sy'n dechrau gyda "t" na "d".

Cywira'r brawddegau canlynol

Roeddwn i wedi rhoi fy mag **yn cwpwrdd** Miss Jones.

Mae Nain a Taid yn byw **yn Caernarfon.**

Wyt ti wedi bod **yn Pwllheli** erioed?

Mae'r Tŵr Eiffel **yn Paris.**

Mae bwyty hyfryd **yn Tre-saith.**

Rydw i wedi bod **yn Trawsfynydd.**

Mae gan Mam a Dad dŷ **yn Tŷ Ddewi.**

Mae traeth bendigedig **yn Gwbert**.

Fe gawn lawer o hwyl **yn Glan-llyn.**

Rydw i wedi cael swper **yn bwyty** Jamie Oliver.

Mae Mam-gu yn byw **yn Bryste.**

Mae llawer o garafannau **yn Dinbych-y-pysgod.**

Rydw i **yn dosbarth** Mr James eleni.

31

Y Treiglad Llaes

Dim ond tair llythyren sy'n treiglo y tro hwn –

C > Ch   P > Ph   t > th

Mae'r treiglad llaes yn ymddangos ar ôl

"a" (and)   ac   "â" (with)

te a choffi

trwyn a (Ceg) ----
cath a (Ci) ---
car a (trên) ------
radio a (teledu) --------
ysgwydd a (pen) ----
pensil a (papur) -------

coffi a the

ceg a (trwyn) ------
ci a (Cath) -----
trên a (Car) ----
tyfu a (tyfu) -----
bocs a (pecyn) -------
papur a (pensil) --------

"â"

Gorffenna'r brawddegau hyn, gan ddefnyddio'r lluniau i dy helpu.

Sgwenna â _ _ _ _ _ _ _ _ goch.

Chwaraeais â
_ _ _ _ _ _ _ _ _
yn yr ysgol.

Es i â _ _ _ _ _ _ _ _ _
i'r parti.

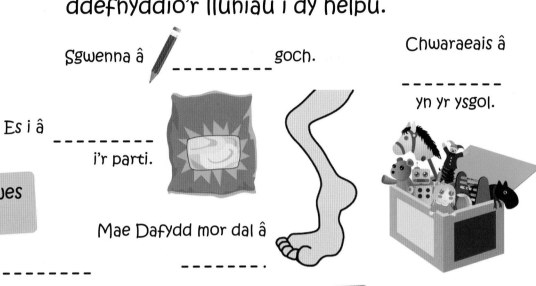

Roedd yr athrawes mor ffyrnig â

Mae Dafydd mor dal â
_ _ _ _ _ _ _ .

_ _ _ _ _ _ _ _ _ _ _ _

Nawr dy dro di.

Mae Alun yn nofio cystal â

_ _ _ _ _ _ _ _ _ _ _ _ _

Tybed fedri di ysgrifennu dy frawddegau dy hun? Cofia ddefnyddio 'a' ac 'â' yn y frawddeg, a chofia fod angen i ti ddefnyddio geiriau sy'n dechrau gyda c, p a t er mwyn creu esiamplau sy'n treiglo'n llaes.

Os wyt ti'n methu meddwl am eiriau sy'n dechrau gyda'r llythrennau c, p, t – edrycha ar y lluniau ar y dudalen! Dere mlaen – rho gynnig arni!

1. _ _ _ _ _ _ _ _   2. _ _ _ _ _ _ _ _   3. _ _ _ _ _ _ _ _   4. _ _ _ _ _ _ _ _   5. _ _ _ _ _ _ _ _

_ _ _ _ _ _ _ _   _ _ _ _ _ _ _ _   _ _ _ _ _ _ _ _   _ _ _ _ _ _ _ _   _ _ _ _ _ _ _ _

_ _ _ _ _ _ _ _   _ _ _ _ _ _ _ _   _ _ _ _ _ _ _ _   _ _ _ _ _ _ _ _   _ _ _ _ _ _ _ _

Mae C, P, a T yn treiglo'n llaes

ar ôl ei / 'i / i'w
(benywaidd)

C

castell > ei chastell
cwpwrdd > ei ----------
cyfrifiadur >ei ----------
creision > ei ------------
cloc > ei -------

Mae'r Dywysoges yn mynd
i'w chastell.
Mae Miss Jones yn mynd i'w (cwpwrdd)
----------- i nôl ein llyfrau.
Dyma Siân a dyma'i (cyfrifiadur)
----------------.
Roedd Mari wedi bwyta'i (creision)
--------------- cyn cyrraedd yr ysgol.

P

pedol > ei phedol
paned > ei ---------
piano > ei ----------
pwdin > ei ---------
pen > ei -----

Mae'r gaseg wedi colli ei phedol.
Yfodd Helen ei (paned) ------------- yn gyflym.
Dyma Nerys, mae hi'n hoffi canu'i (piano) --------.
Aeth Sioned â'i (pwdin) --------- i dŷ Nain a Thaid.

t

troed > ei throed
tedi > ei ------
tebot > ei --------
teulu > ei -----------
trwyn > ei -----------

Ysgrifennodd Ela gerdyn post i'w (teulu) ---------.
Mae Catrin yn caru ei (tedi) -------.
Chwythodd Jên ei (trwyn) --------- drwy'r dydd.
Dyma Nain a dyma'i (tebot) ---------.

Treiglad Llaes
ar ôl "tri" a "chwe"

Eto, cofia mai dim ond **C**, **P** a **T** sy'n treiglo'n llaes!

e.e.

castell > **tri Chastell**
clown > **chwe chlown**

pensil > **tri phensil**
pedol > **chwe phedol**

tŷ > **tri thŷ**
tebot > **chwe thebot**

Edrycha ar y lluniau yma ac ysgrifenna'r hyn wyt ti'n ei weld!

e.e.
Tri char

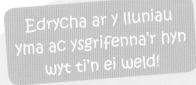

35

A dyna ni!
Llongyfarchiadau!

Rwyt ti wedi cwblhau dy hyfforddiant fel ditectif treigladau. Cofia fod croeso i ti edrych trwy'r llawlyfr hyfforddi o dro i dro os byddi eisiau atgoffa dy hun o rai pethau, ond yn y cyfamser – da iawn ti!

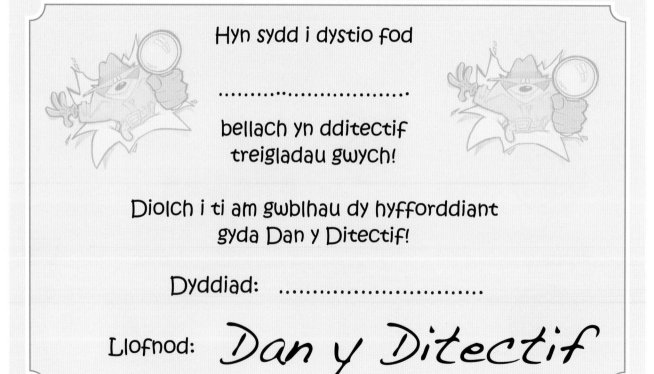

Hyn sydd i dystio fod

....

bellach yn dditectif
treigladau gwych!

Diolch i ti am gwblhau dy hyfforddiant
gyda Dan y Ditectif!

Dyddiad: ....

Llofnod: *Dan y Ditectif*